STERNZEICHENBIBLIOTHEK

# KREBS

22. JUNI - 22. JULI

*Julia und Derek Parker*

Fotos: Monique le Luhandre
Illustrationen: Danuta Mayer

arsEdition

Gewidmet Kenneth Styles

EIN DORLING-KINDERSLEY-BUCH

*Editor* Tom Fraser
*Art Editor* Ursula Dawson
*Managing Editor* Krystyna Mayer
*Managing Art Editor* Derek Coombes
*Production* Antony Heller
*Computer-Layout* Patrizio Semproni

Bildnachweis:
S. 10: Ronald Sheridan/Ancient Art and Architecture Library;
S. 11: © Michael Holford/British Museum;
S. 16: Tim Ridley;
Gestaltung S. 28-29: Lucy Elworthy;
Illustration: S. 60-61: Kuo Kang Chen.
Umschlagbild: Peter Lawman.
Ein weiterer Dank gilt Carolyn Lancaster und John Filbey.


Ins Deutsche übertragen von Friederike Knobloch
Printed and bound in Hong Kong

ISBN 3-7607-1116-2

# Inhaltsverzeichnis

# *Einleitung*
# Krebs

Der Krebs ist das vierte Zeichen im Tierkreis. Krebse sind manchmal etwas »bissig«, tragen aber auch viele positive Eigenschaften in sich, die mit dem gleichnamigen Tier in Verbindung gebracht werden können.

Ähnlich wie Krebse ihren weichen Körper durch einen harten Panzer schützen, entwickeln Krebs-Geborene einen psychologischen Panzer, um sich und ihre Lieben vor der Härte des Lebens zu schützen. Fühlt sich der Krebs in irgendeiner Form herausgefordert oder bedroht, wird er sich sofort in seinen Panzer zurückziehen.

## Zuordnungen

Bei der Lektüre dieses Buches tauchen immer wieder Hinweise auf die traditionelle Zuordnung bestimmter Elemente und Zeichen zu den einzelnen Sternbildern auf.

Die erste dieser Klassifizierungen bezieht sich auf die vier Elemente Feuer, Wasser, Erde und Luft. Die zweite unterteilt den Tierkreis in kardinale, fixe und bewegliche Zeichen. Die letzte teilt die Sternbilder in aktive männliche oder passive weibliche Zeichen ein. Jedes Tierkreiszeichen besteht also aus einer Kombination dieser Elemente, die ihm seine jeweiligen spezifischen Eigenschaften verleihen.

## Kennzeichen des Krebses

Der Krebs ist das erste Zeichen mit dem Element Wasser. Er besitzt deshalb ein hohes Maß an Sensibilität und ist sehr intuitiv. Krebse haben ein hervorragendes Gedächtnis und erinnern sich an unbedeutende Verletzungen oder Kränkungen auch dann noch, wenn andere sie längst vergessen haben. Als kardinales Zeichen ist er jedoch freundlich, hilfsbereit und rücksichtsvoll.

Die Wandlungsfähigkeit des Mondes spiegelt sich in der Persönlichkeit des Krebses wider: er unterliegt häufigen Stimmungsschwankungen.

Der Krebs wird mit Silberblau und rauchigen Grautönen – den Farben des Mondes – assoziiert. Als weibliches negatives Zeichen sind Krebs-Geborene eher introvertiert.

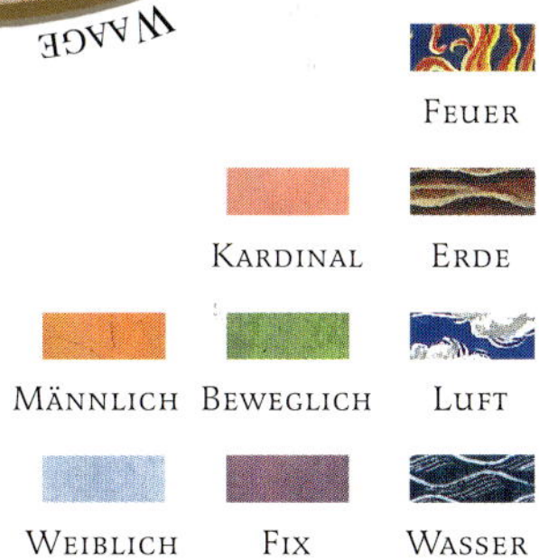


**Der Tierkreis**

*Die Zuordnung der verschiedenen Elemente und Eigenschaften zu den zwölf Sternzeichen zeigt dieses Tierkreis-Rad. Im weiteren Verlauf dieses Buches finden sich auch Hinweise auf einander entgegengesetzte oder polare Sternzeichen. Sie lassen sich ebenfalls aus dieser Abbildung ablesen.*

*KREBS*

# Mythen und Legenden

Der Tierkreis, entstanden vor etwa 2500 Jahren in Babylonien, ist ein Himmelsgürtel von Sternbildern, durch die die Sonne im Laufe eines Jahres hindurchwandert.

Das Zeichen des Krebses stammt vermutlich aus dem alten Ägypten. Dort war die Konstellation ursprünglich als »Sterne des Wassers«, später als die »Zwei Schildkröten« bekannt. (Im Nil leben Flußschildkröten; sie haben, wie der Krebs, einen harten Panzer.) Im alten Babylon war das Zeichen nicht nur als das Wasserwesen *Al. lul* – Gottloser oder Rebell –, sondern auch als *bulug* – Krabbe oder Flußkrebs –, bekannt. Viel später erst tauften die alten Griechen es »Schildkröte«.

**Herakles und die Hydra**

*Diese Darstellung von 350 v. Chr. zeigt den Krebs als Helfer der Hydra.*

**Die Arbeiten des Herakles**

Anders als die meisten Sternzeichen wird der Krebs in den Mythen und Legenden nur selten erwähnt. Es besteht einzig eine Verbindung zu einer der zwölf Aufgaben des Helden Herakles. Herakles mußte auf Geheiß des Königs Eurystheus, des Herrschers von Griechenland, zwölf Aufgaben erfüllen, weil er Frau und Kinder ermordet hatte. Durch das Orakel von Delphi erfuhr er, daß er für sein Verbrechen nur büßen könnte, indem er Eurystheus gehorchte. Die zweite Aufgabe bestand in der Vernichtung der Lernäischen Hydra, einem Ungeheuer, das die Göttin Hera geschaffen hatte, damit es mit Herakles kämpfen sollte. Die Hydra, eine Wasserschlange mit Hundekörper, besaß neun Köpfe, von denen einer unsterblich war. Ihr Atem war außerdem so giftig, daß er jeden Unglücklichen, der mit ihm in Berührung kam, auf der Stelle tötete. Von ihrer Höhle in den Sümpfen von Lerna auf dem Peloponnes unternahm die Hydra ausgedehnte Raubzüge, mordete und vernichtete unzählige Herden und Ackerland.

### Herakles besiegt die Hydra

Herakles zwang die Hydra mit glühenden Pfeilen, ihre Höhle zu verlassen. Anfangs schien seine Aufgabe unerfüllbar, denn sobald er dem Ungeheuer einen Kopf abgeschlagen hatte, wuchsen zwei neue nach. Als Herakles sich einen Vorteil erkämpft hatte, schickte Hera zudem einen riesigen Krebs zur Unterstützung, der die Füße des Helden angriff. Schließlich gelang es Herakles, den Krebs mit einem gewaltigen Fußtritt zu zerschmettern. Hera aber war dem Krebs für seinen Einsatz so dankbar, daß sie ihn zur Belohnung als Sternbild an den Himmel setzte. Der Held konnte die Hydra endlich töten, indem er die Halsstümpfe des Ungeheuers mit Feuer ausbrannte und den unsterblichen Kopf abschlug.

Die Charakterzüge des Krebses sind bei Menschen, die unter dem Einfluß dieses Zeichens stehen, oft erkennbar. Sie haben häufig eine zerbrechliche, scheinbar rauhe Schale, aber meist einen liebevollen Kern.

**Ägyptischer Sarkophag**

*Dieser antike Sarkophag aus dem 2. Jahrhundert n. Chr. ist mit Tierkreiszeichen geschmückt.*

# *Krebs* Symbole

Jedem Sternzeichen sind traditionell bestimmte Kräuter, Gewürze, Pflanzen, Edelsteine, Metalle und Tiere zugeordnet. Manches davon ist eher amüsant, anderes dagegen finden wir in Naturheilkunde und Medizin wieder.

**Blumen**

*Nachtschattengewächse werden mit dem Krebs assoziiert. Andere Blumen sind Bärenklau, Geißblatt und weiße Rosen und Lilien.*

Weisse Lilien

Weisse Rosen

LORBEER

**Bäume**

*Man sagt dem Krebs eine besondere Vorliebe für Bäume nach. Dies gilt vor allem für Arten, die reich an Saft sind.*

**Kräuter**

*Der magenberuhigende Steinbrech und Portulak, der bei Leberleiden hilft, sind Krebs-Kräuter.*

STEINBRECH

MUSKATNUSS

**Gewürze**

*Mit dem Krebs wird kein spezielles Gewürz verbunden, aber manchmal werden Koriander und Muskatnuß in Verbindung mit Wasserzeichen genannt.*

KORIANDER

*KREBS*

# SYMBOLE

**Tiere**

*Natürlich ist der Krebs mit diesem Zeichen verbunden, aber auch alle gepanzerten Tiere und Schalentiere wie Schildkröte, Krokodil und Gürteltier.*

SCHILDPATT-KAMM

SCHILDPATT-DOSE

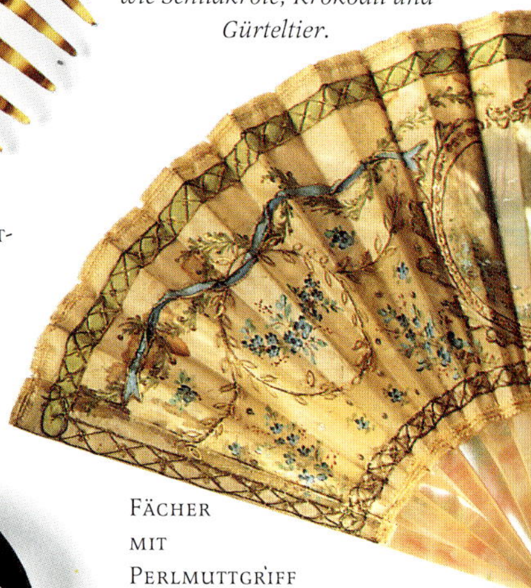

FÄCHER MIT PERLMUTTGRIFF

KREBS

## Schmuck

*Dem Krebs wird die Perle zugeordnet. Ihr Glanz erinnert stark an den des Mondes, der den Krebs regiert.*

PERLENHALSKETTE

MEDAILLON MIT PERLEN VERZIERT

## Metall

*Als Krebs-Metall gilt Silber. Krebs-Geborene tragen gerne Silberschmuck.*

FILIGRANER SILBERLÖFFEL

SILBERNER JUGENDSTILRAHMEN

KREBS

# PHYSIOGNOMIE

DAS ERSCHEINUNGSBILD DES TYPISCHEN KREBSES SPIEGELT HÄUFIG SEINE SAMMLERNATUR WIDER. VIELLEICHT BESITZT ER EINE ALTE LIEBLINGSJACKE ODER EIN ANDERES STÜCK, AN DEM ER HÄNGT. MANCHMAL WIRKT ER AUCH ETWAS NACHLÄSSIG.

Viele Krebse halten sich nicht sehr gerade. Sie haben häufig runde Schultern und sehen dadurch oft etwas bedrückt oder gar ängstlich aus.

**Der Körper**

Krebse sind im allgemeinen gute Köche, daher sind sie möglicherweise manchmal etwas übergewichtig. Wenn sie nicht gerne Sport treiben, neigen sie mehr noch als die meisten Tierkreiszeichen dazu, schlaff zu werden.

Sehr wahrscheinlich haben Sie eine stabile Gesundheit und besitzen ausgezeichnete Abwehrkräfte. Eine Vielzahl der Krebs-Frauen hat sehr viel Busen, was ihre Anziehungskraft noch vergrößert.

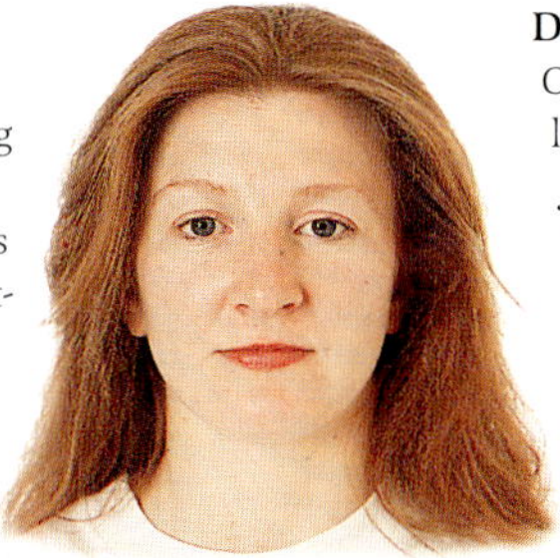

**Das Gesicht des Krebses**

*Langes, rotes Har und ein sehr heller Teint sind sehr häufige Krebs-Charakteristika.*

**Das Gesicht**

Oft besitzen Krebse ziemlich langes Haar, das jedoch schnell unordentlich aussieht, wenn es nicht gut gepflegt wird. Auch rotes Haar ist sehr häufig.

Die Stirn der Krebse ist häufig relativ bleich, markant, mit ein paar Falten zwischen den Brauen. Die Augen selbst sind gewöhnlich eher klein, manche Krebse haben »Kulleraugen«.

Selbst wenn sie zu den dunklen Typen gehören, besitzen Krebse häufig eine helle Haut, die sehr sonnenempfindlich ist. Möglicherweise sind noch lange nachdem eine Wunde verheilt ist, Spuren zu sehen. Als Krebs haben Sie einen weichen, flexiblen Mund.

**Das Auftreten des Krebses**

*Viele Krebse neigen dazu, die Schultern hochzuziehen. Dadurch wirken sie oft besorgt.*

## Der persönliche Stil

Der Krebs besitzt häufig einen sehr besonderen Stil. Die auffallend aparte Erscheinung kann jedoch durch ungünstig gewählte Accessoires oder Nachlässigkeit beeinträchtigt werden: vielleicht sieht man einen Träger oder die Krawatte ist schlecht gebunden. Daher sollten Sie sehr darauf achten, welche Kleidung Sie wählen – mehr als alle anderen Sternzeichen! Möglicherweise haben Sie eine Vorliebe für alte Kleider, die sehr viel Charme ausstrahlen können.

Sie haben einen sehr guten Farbensinn, und weiche Blau- oder Grüntöne passen gut zur Krebs-Persönlichkeit. Viele Krebse sind auch geschickt in der Auswahl von Stoffen.

## Die Körpersprache

Ihre Haltung könnte leicht gebeugt sein, und Sie könnten sich zuweilen verstohlen umblicken, ob Sie nicht jeden Moment angegriffen werden.

Als Krebs haben Sie wahrscheinlich ein besonders wachsames Auge auf das Wetter.

In Ihrem Bestreben, für jede Wetterlage gewappnet zu sein, könnten Sie so weit gehen, daß Sie sich bei Kälte in übertrieben warme, dicke Kleiderschichten und lange Schals hüllen, um sich dann bei Hitze extrem leicht anzuziehen.

*KREBS*

# PERSÖNLICHKEIT

FREUNDLICHKEIT UND EMPFINDSAMKEIT SIND IHRE VORHERRSCHENDEN PERSÖNLICHKEITSMERMALE. ZWAR SIND SIE IHRERSEITS SEHR LEICHT VERLETZBAR, OFT IST IHNEN ABER IHRE EIGENE, MÖGLICHERWEISE ETWAS BARSCHE ART NICHT BEWUSST.

Der erste Eindruck, den Sie bei anderen hinterlassen, könnte täuschen. Das ist deshalb möglich, weil Sie dazu neigen, fremden Menschen gegenüber erst einmal abwehrend zu reagieren: Sie bilden eine Art Schutzschild, um sich zu schützen. Darunter sind Sie aber vermutlich sehr verletzbar.

Wenn andere Ihnen taktvoll begegnen und sich Zeit nehmen, Sie kennenzulernen, dürften Sie keine Schwierigkeiten haben, Ihre »Mauer« zu durchbrechen. Geschieht dies, kommt Ihre sehr umsorgende und verständnisvolle Art zum Vorschein.

Diejenigen, denen es gelingt, Ihr Vertrauen zu gewinnen, werden entdecken, daß Sie ein wirklich guter Freund sein können.

**Bei der Arbeit**

Sie haben eine wunderbar reiche Phantasie und sollten sie unter allen Umständen positiv und kreativ zu nutzen versuchen. Das gilt auch für Ihren Beruf: nur dann werden Sie Ihre Fähigkeiten in der bestmöglichen Weise nutzen können.

**Verhalten**

Sie sind wahrscheinlich das beharrlichste aller Tierkreiszeichen und hängen sehr stark an Ihren Freunden und Lieben. Weil Sie sehr, sehr treu sind und so viel als irgend möglich für Ihre Familie tun möchten, könnte es Ihnen äußerst schwerfallen zu akzeptieren, wenn Ihre Kinder erwachsen werden und von zuhause ausziehen, um ihr eigenes Leben zu führen.

**Das Gesamtbild**

Der häufigste Charakterzug, den Krebs-Geborene gemeinsam haben, und der mit ihrer Beharrlichkeit zusammenhängt, ist die starke Tendenz, alles zu sammeln. Sie werden kaum jemals etwas wegwerfen – dies geht so weit, daß Sie und Ihr Haus unver-

**Der Mond beherrscht den Krebs**

*Der Mond – hier durch die Göttin Diana repräsentiert – wird gewöhnlich als Frau dargestellt. Er ermutigt Krebse, intuitiv zu handeln, und beeinflußt die Gefühle und das Verdauungssystem.*

meidbar irgendwann im Chaos versinken. Sollten Sie sich aber entschließen, Antiquitäten oder Dinge, die Sie faszinieren, zu sammeln, ist diese Eigenschaft gut genutzt.

Wenn Sie es schaffen, Ihre Sammelleidenschaft in diese Richtung zu lenken, vermeiden Sie es, Ihr Haus mit Zeitungsstapeln, verbeulten Töpfen, Pfannen und anderem nutzlosen alten Zeug – zum Beispiel zu kurzen Schnüren – vollzustellen.

Es muß allerdings auch gesagt werden, daß Krebse einen ausgezeichneten Geschmack haben und, wird er einmal entfaltet, in allen Bereichen ihres Lebens zum Ausdruck kommt.

Sie schätzen alles, was schön ist, außerordentlich und haben dafür ein feines Gespür.

# BERUFE

SOZIALE BERUFE BIETEN EIN IDEALES BETÄTIGUNGSFELD FÜR KREBSE; BESONDERS DIE BESCHÄFTIGUNG MIT KLEINEN KINDERN KÖNNTE IHNEN SPASS BEREITEN. ALS BESTER KOCH UNTER DEN STERNZEICHEN IST AUCH DIE GASTRONOMIE FÜR SIE REIZVOLL.

**Flugbegleiter**

*Der Beruf des Flugbegleiters oder Reiseleiters umfaßt viel Dienst am Kunden und könnte Ihnen deshalb gefallen.*

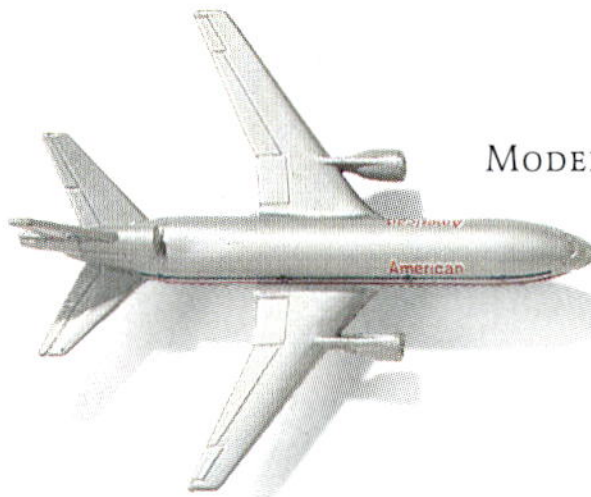


MODELL-JET

SCHNEEBESEN

KOCHTOPF

EIER

**Kochen**

*Krebse gelten als die Köche des Tierkreises, sind aber in einem Küchenteam mit anderen möglicherweise etwas eigenwillig.*

FEDERHALTER

## Schreiben

*Viele Krebse fühlen sich von Geschichte und Romantik inspiriert. Vielleicht wären Sie als Schriftstelller in einem der beiden Genres erfolgreich.*

GLAS-TINTENFASS AUS DEN 20ER JAHREN

## Soziale Dienste

*Für Kinder zu sorgen, liegt Ihnen besonders. Vielleicht finden Sie eine Arbeit im sozialen Bereich besonders attraktiv.*

QUECKSILBERTHERMOMETER

LÖSCHPAPIER

## Lehrer

*Sie könnten Freude daran finden, kleine Kinder zu motivieren und ihnen zu helfen, ihren Verstand zu entwickeln. Ihr mächtiger Ideenreichtum wird Ihnen dabei eine große Hilfe sein.*

RECHENBRETT

*KREBS*

# GESUNDHEIT

DIE BESONDERE ATMOSPHÄRE EINER UMGEBUNG HAT AUSWIRKUNGEN PHYSISCHER UND EMOTIONALER ART AUF DEN SENSIBLEN KREBS. SEINE REAKTION IST JEDOCH INDIVIDUELL SEHR UNTERSCHIEDLICH.

Viele Krebse sehen etwas bleich aus, egal ob sie ein eher dunkler oder heller Typ sind. Dies gibt jedoch keinen Aufschluß darüber, wie krank oder gesund sie sind; Krebse verfügen nämlich über eine ziemlich gute Konstitution.

**Richtige Ernährung**

Solange Sie auf die Cholesterinmenge achten, wird Ihnen eine Ernährung, die viele Milchprodukte beinhaltet, guttun. Vielleicht ist es auch gut, zusätzlich Calcium Fluorid (Calc. Fluor.) zu sich zu nehmen, das als wichtiger Nährstoff für gesunde Zähne, Fingernägel und Knochen gilt. Von allen Sternzeichen neigen Krebse besonders dazu, sich zuviel Sorgen zu machen. Wenn Sie sich aufregen, können Sie Verdauungsprobleme bekommen.

**Gefahrenzonen**

Die typische Gefahrenzone des Krebses ist die Brust. Obwohl der Krebs und Brustkrebs nichts miteinander zu tun haben, sollten alle Krebs-Frauen ihre Brüste regelmäßig untersuchen. Als Problemzone der Krebse gilt die empfindliche Haut. Schützen Sie sich gegen starke Sonneneinstrahlung, weil Sie leicht einen Sonnenbrand bekommen.

**Gallia-Melonen**

*Früchte und Obst mit hohem Wassergehalt wie Melone und Kürbis werden mit dem Krebs assoziiert.*

## Astrologie und Medizin

Viele Jahrhunderte lang war es unmöglich, die Heilkunst ohne astrologisches Wissen auszuüben. Auf den europäischen Universitäten umfaßte die medizinische Ausbildung die Lehre von den Auswirkungen der Himmelskonstellationen auf die Anwendung von Medikamenten. Gelehrt wurden der Aderlaß, der richtige Zeitpunkt zum Kräutersammeln oder zum Brauen eines Heiltrunks. Jedes Sternzeichen beherrscht einen Teil des Körpers. Von Kopf (Widder) bis Fuß (Fische) – in den Lehrbüchern findet man immer die entsprechende Abbildung eines »Tierkreismannes« oder »-frau«.

## *KREBS*

# HOBBYS

JEDES STERNZEICHEN TENDIERT ZU BESTIMMTEN VORLIEBEN IM HOBBY- UND FREIZEITBEREICH ODER FAVORISIERT BESTIMMTE REISEZIELE. DIESE VORSCHLÄGE SIND NICHT VERBINDLICH, ABER ES LOHNT SICH, SIE AUSZUPROBIEREN.

BRIEFMARKEN

**Schreiben**

*Krebse haben oft eine blühende Phantasie, die sie im Schreiben sehr gut ausdrücken können.*

FÜLLFEDERHALTER AUS DEN 20ER JAHREN

**Reisen**

*Obwohl Sie auf Reisen nervös sind, könnte Ihnen eine Kreuzfahrt gefallen. Ihr Lieblingsziel könnte in See- oder Meernähe liegen: Wie wäre es mit Schottland, Holland, Neuseeland, Paraguay oder Nordafrika?*

**Kochen**

*Krebse beiderlei Geschlechts genießen es besonders, für ihre Freunde und Familie zu kochen.*

HOLZKOCH-LÖFFEL

SEGELSCHÄKEL ZUR SEILSICHERUNG

SILBERNES RIECH-FLÄSCHCHEN

**Segeln**

*Da der Krebs ein Wasserzeichen ist, sind viele seiner Vertreter nirgends so glücklich wie auf einem Boot. Viele sind begeisterte Segler.*

**Silberschmied**

*Silber kann Krebsen sehr viel bedeuten, soviel, daß sie selbst damit arbeiten. Silber wird mit dem Mond in Verbindung gebracht.*

**Nähen**

*Nähen ist ein beliebtes Krebs-Hobby. Möglicherweise schneidern Sie gerne Kinderkleider.*

SPIELZEUG-NÄHMASCHINE

MUSCHEL- UND KORALLENSAMMLUNG

**Sammeln**

*Krebse sind die Sammler des Tierkreises. Wenn diese Leidenschaft zum Anlegen einer außergewöhnlichen Sammlung irgendwelcher Art genutzt wird, ist sie sehr lohnend.*

*KREBS*

# LIEBE

VIELE DER BESTEN KREBS-EIGENSCHAFTEN KOMMEN ZUM VORSCHEIN, WENN EIN KREBS SICH VERLIEBT. ER IST ROMANTISCH UND LEIDENSCHAFTLICH, REAGIERT ABER AUF DIE HÖHEN UND TIEFEN EINER BEZIEHUNG ZUWEILEN ETWAS ÜBERZOGEN.

Zwar können Krebse ihre Gefühle wunderbar positiv ausdrücken, wenn sie sich verlieben; sie zeigen aber ebenso leicht bestimmte Charaktereigenschaften, die der Beziehung schaden könnten. Wenn Sie sich bewußt sind, daß Sie manchmal eine für Ihren Partner weniger angenehme Atmosphäre schaffen, können sie sich selbst korrigieren, bevor alles völlig schiefläuft.

Sie haben ein sehr starkes Bedürfnis, Ihre Lieben zu hegen, zu pflegen und zu beschützen. Wenn Sie nicht aufpassen, könnten Sie mit ihrer Zärtlichkeit zu weit gehen und eine beengende Atmosphäre schaffen. Viele Menschen können es nicht ertragen, derartige Einschränkungen zu erleben. Ihre Neigung, die Unabhängigkeit und Freiheit des anderen zu beschneiden, könnte manchmal zum Problem zwischen Ihnen und der geliebten Person werden.

**Als Liebender**

Gewöhnlich nehmen Sie Ihr Liebesleben sehr ernst. Dies bedeutet zwar nicht, daß Sie Liebe und Sex nicht genießen – im Gegenteil: Sie schwelgen darin! – es könnte aber sein, daß Sie durch Ihren starken Wunsch nach Heim und Familie jede Beziehung auf dieses Ziel hin betrachten. Sie sollten sich klar darüber

sein, daß viele potentielle Partner nicht so stark an einer ernsthaften Bindung interessiert sind. Sie sind zweifellos ein wunderbarer Liebhaber, weil Sie sowohl sensibel sind, als auch ein Gespür für die Dinge haben, die Ihren Partner glücklich machen.

### Liebestypen

Wenn Krebse jung sind, ist es gut für sie, Erfahrungen zu machen. Auf diese Weise lernen sie das andere Geschlecht kennen. Wenn sie sich dann für einen Partner entschieden haben, sind sie reif und erfahren genug, um eine stabile, langjährige Beziehung zu führen. Der Einfluß von unterschiedlichen Planeten bewirkt einige subtile Unterschiede zwischen den Krebsen. Anhänglichere Krebs-Geborene sind anderen gegenüber ebenso herzlich zugewandt wie leidenschaftlich, können aber sehr besitzergreifend sein. Andere haben einen wunderbar koketten Zug, der ihre Intensität in Liebesdingen auflockert. Wieder eine andere Gruppe besitzt viel Stil und Eleganz, und hebt den Partner auf ein Podest. Einige Krebse haben einen bescheidenen Zug an sich, der potentielle Partner neugierig macht.

*KREBS*

# WOHNUNG

**Die Wohnung eines Krebses ist in erster Linie ein Zuhause. Wie die Räume aussehen, steht an zweiter Stelle. Am wichtigsten ist Gemütlichkeit, die oft den Vorstellungen der Kinder entspricht und zuweilen grösste Unordnung duldet.**

Bei der Wahl Ihres Zuhauses sollten Sie nicht vergessen, daß Krebse ein gewisses Maß an Friede und Ruhe – vielleicht in Form eines hübschen Ausblicks – in ihrer Nähe haben müssen. Das bedeutet aber nicht, daß Sie sich nur mitten auf dem Lande wohlfühlen: ein kleiner Balkon oder eine Blumenecke genügt als stille, beruhigende Oase. Idealerweise leben Sie in der Nähe eines kleineren Flusses, eines Sees oder des Meeres.

**Weiden-Nähkorb**

*Ein Nähkorb, Strickzeug oder Spielsachen könnten verstreut herumliegen.*

## Möbel

Krebse lieben die Vergangenheit und hassen es, Dinge fortzuwerfen. Sie mögen wahrscheinlich entweder sehr konservative Möbel oder, wenn diese erschwinglich sind, auch edle Antiquitäten. Manchmal könnten Sie so sehr an einem Stück, zum Beispiel einem Sessel, hängen, daß Sie ihn behalten, bis er in seine Einzelteile zerfällt.

Mit Ihrem ausgeprägten Krebsgeschmack suchen Sie wirklich schöne, äußerst behagliche Möbel aus. Da Ihnen Ihr Zuhause sehr wichtig ist, dürfte es ein Genuß sein, diese Atmosphäre zu erleben.

## Elegante Bezugsstoffe

Krebse orientieren sich an Altem, wenn sie Vorhänge und Dekostoffe suchen. Sie schwanken zwischen schwerem Seidenbrokat in blassem Silbergrau oder Pastelltönen und viktorianischem Chintz. Beim Kauf neuer Vorhänge sollten Sie darauf achten,

**Krug und Stoff**

*Metall und Farbe dieser Gegenstände sind typisch für Krebse.*

daß diese nicht zu schwer sind und keine beengende Atmosphäre schaffen. Ein Krebs will nicht von seinen Nachbarn überwacht sein. Wohnt er aber in See-oder Meeresnähe, möchte er natürlich freien Blick darauf haben; dann sind Vorhänge Nebensache.

Viel Krebse kreieren gerne selbst Kissen und verwenden vielleicht petit point- oder ein anderes dekoratives Muster.

### Accessoires

Die Sammlerleidenschaft des Krebses mündet nicht selten in ein großes Durcheinander. Wenn diese Neigung aber gezügelt wird und in einer persönlichen, interessanten Sammlung zum Ausdruck kommen kann, wird sie das Aussehen der Wohnung bereichern.

Vielleicht hängen Sie ein Gemälde von Ihren Kindern oder eine Meeresansicht auf. Sollten Sie glücklicher Besitzer von Silber oder von Familienerbstücken sein: beides eignet sich hervorragend zum Ausstellen. Krebse sollten allerdings auch akzeptieren, daß Sentimentalität gegenüber alten Dingen zuweilen kontraproduktiv sein kann.

**Sessel und Puppe**

*Ein bequemer, vielbenutzter Sessel könnte ein heißgeliebtes Stück sein.*

# *DER* MOND *UND* SIE

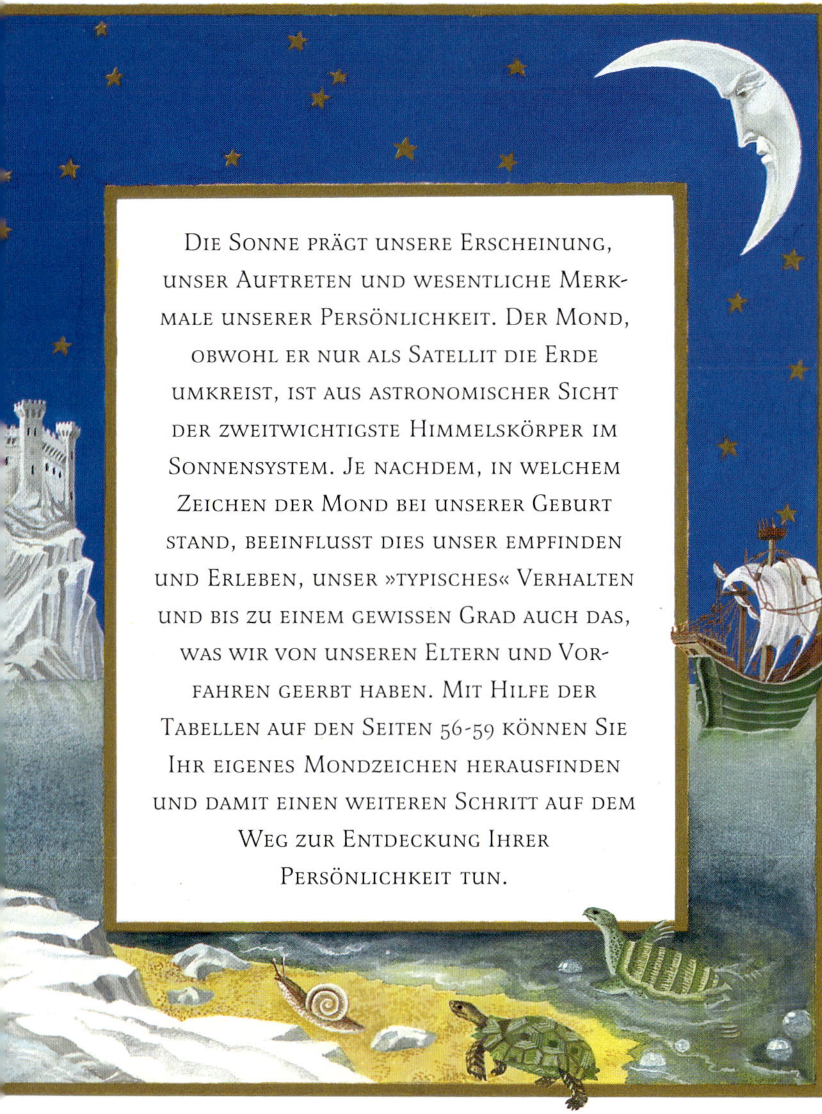

Die Sonne prägt unsere Erscheinung, unser Auftreten und wesentliche Merkmale unserer Persönlichkeit. Der Mond, obwohl er nur als Satellit die Erde umkreist, ist aus astronomischer Sicht der zweitwichtigste Himmelskörper im Sonnensystem. Je nachdem, in welchem Zeichen der Mond bei unserer Geburt stand, beeinflusst dies unser empfinden und Erleben, unser »typisches« Verhalten und bis zu einem gewissen Grad auch das, was wir von unseren Eltern und Vorfahren geerbt haben. Mit Hilfe der Tabellen auf den Seiten 56-59 können Sie Ihr eigenes Mondzeichen herausfinden und damit einen weiteren Schritt auf dem Weg zur Entdeckung Ihrer Persönlichkeit tun.

# DER MOND IM WIDDER

So wie Krebs das erste Wasserzeichen, ist Widder das erste Feuerzeichen. Beide sind sehr gefühlsbetont. Ihr Widder-Mond verleiht Ihnen Enthusiasmus, den Sie im richtigen Moment zeigen.

Sie sind begierig darauf, sich in Vorhaben zu stürzen und Herausforderungen anzunehmen. Krebse sind bekanntlich zugleich mutig und beschützend. Beide Eigenschaften sind bei Ihnen besonders stark betont.

**Persönlichkeit**

In mancher Hinsicht ist die Kombination aus Feuer- und Wasserzeichen nicht unproblematisch. Ihr Mond-Feuerzeichen wirkt sich aber positiv aus und macht Sie weniger besorgt und introvertiert als andere Krebse. Sie gehören zu den stabileren Krebsen und kommen sehr gut mit beanspruchenden und anstrengenden Zeiten zurecht. Vielleicht ermutigt Sie Ihr natürlicher Abenteuersinn, eine Art Entdecker mit einer Vorliebe für ungewöhnliche Orte zu werden.

Die Krebslaunen könnten zusammen mit plötzlichen Gefühlsausbrüchen zu einer Kraft werden, mit der man rechnen muß. Sie sollten diese Ausbrüche zu kontrollieren versuchen, da sie heftiger sein könnten, als Sie denken.

**Liebesleben**

Sie sind äußerst leidenschaftlich, und die große Gefühlsstärke kommt am besten in Ihrem Liebesleben zum Ausdruck. Wenn Ihre Krebs-Sonne Sie auch etwas zu anhänglich macht, schreibt der Widder-Mond Ihnen doch ein gewisses Maß an Unabhängigkeit und Freiheit vor.

**Gesundheit**

Der Kopf ist die Widder-Problemzone. Wenn Sie sich Sorgen machen, bekommen Sie häufig Kopfschmerzen, was jedoch auch mit leichten Nierenstörungen zusammenhängen kann.

**Finanzen**

Im gleichen Maß, wie Sie Krebs-Klugheit und guten Geschäftssinn besitzen, sind Sie von kühnen Planungen und

Der Mond im Widder

Vorschlägen angetan. Trotzdem sollten Sie immer gründlich nachdenken, bevor Sie sich zu intensiv engagieren, um spätere Enttäuschungen zu vermeiden.

**Familie**

Viel Sinn für Spaß und ein merklich sentimentaler Zug bestimmen Ihre Lebenseinstellung; das färbt sicherlich auf Ihre Lieben ab. Wie alle Krebse möchten Sie unbedingt Kinder haben, sind jedoch weniger besorgt als die meisten Angehörigen Ihres Sternzeichens. Vergessen Sie aber nicht, daß Kinder in jedem Fall einmal von zuhause ausziehen und ihr eigenes Leben führen wollen. Ihr Widder-Mond dürfte Ihnen helfen, das zu verstehen, und sicherstellen, daß Sie das Leben nicht als sinnlos empfinden, wenn die Kinder fort sind. Versuchen Sie, immer zuversichtlich zu sein und das Leben mit den Augen Ihrer Kinder zu betrachten. Andernfalls könnte Ihr nostalgischer und sentimentaler Krebs-Zug einen Generationskonflikt auslösen.

# DER MOND IM STIER

ALS ERDZEICHEN WIRD DER STIER-MOND IHRE KREBS-EIGENSCHAFTEN STÄRKEN, UND SOWOHL PRAKTISCHE VERANLAGUNG WIE AUCH GESCHICK IM GELDVERDIENEN BEISTEUERN. SEIEN SIE IHREN LIEBEN GEGENÜBER NICHT ZU BESITZERGREIFEND.

Erd- und Wasserzeichen ergänzen einander gut, da der Mond, der den Krebs beherrscht und starken Einfluß auf alle Krebse hat, auch im Stier plaziert ist. Die Folge ist, daß Sie mit dem Stier viele Eigenschaften teilen, die ihm gewöhnlich zugesprochen werden.

## Persönlichkeit

Es ist Ihnen extrem wichtig, sich emotional und materiell abgesichert zu wissen. Ist dies der Fall, werden Sie aufblühen und viele positive und edle Eigenschaften zeigen können.

Der Stier macht Sie warm und liebevoll, und es fällt Ihnen nicht schwer, dies mit den umsorgenden und beschützenden Zügen des Krebses zu verbinden. Lassen Sie durch das besitzergreifende Wesen des Stiers – seine größte Schwäche – nicht Ihre Wärme und Freundlichkeit überdecken.

Auf anderem Gebiet werden die Sammelleidenschaft des Krebses und das Besitzstreben des Stiers es Ihnen vermutlich schwer machen, irgendetwas wegzuwerfen.

## Liebesleben

Sie haben die Gabe, sowohl tief als auch sehr leidenschaftlich zu lieben. Krebse sind bekannt für ihre sinnliche Art, Gefühle zu zeigen, und ist dies mit der warmen Leidenschaft der Stiere verbunden, können Ihre Partner sich wirklich sehr glücklich schätzen. Sie besitzen die Fähigkeit, eine langdauernde Beziehung aufzubauen und aufrecht zu erhalten.

## Gesundheit

Die Körperpartie des Stieres ist der Hals, weshalb Sie hier anfällig sein könnten. Wichtig ist: Sollten Sie einer der hervorragenden Krebs-Köche sein, besteht die Wahrscheinlichkeit, daß Sie sich auf sehr üppige Desserts mit viel Sahne, Schokolade und Likör spezialisieren. Viele Krebse nehmen leicht

**Der Mond im Stier**

zu, das gute Aussehen des Stiers ist oft von ihrer Liebe zu gutem Essen bedroht. Kurz gesagt: Seien Sie vorsichtig! Wenn Sie einen langsamen Stoffwechsel haben, versuchen Sie ihn durch Sport anzuregen.

### Finanzen

Der Geschäftssinn des Krebses verbindet sich gut mit der Fähigkeit des Stiers, Geld zu verdienen. In Investitionsdingen dürften Sie keine Schwierigkeiten haben. Im Gegenteil: Sollten Sie Ihre Geldangelegenheiten mit einem professionellen Berater besprechen, könnten am Ende Sie der sein, der berät!

### Familie

Sie besitzen die Anhänglichkeit des Krebses und die besitzergreifende Art des Stiers und sollten sich immer der Probleme bewußt sein, die dadurch auftauchen könnten.

Sie sind ein wunderbarer Elternteil, denn Sie sind aufgeschlossen für die Bedürfnisse Ihrer Kinder und geben ihnen viel Liebe und Zuneigung.

## DER MOND IM
# ZWILLING

OHNE GROSSE MÜHE GEBEN SIE SCHLAGFERTIGE UND WITZIGE ANTWORTEN. DIE LOGIK DES ZWILLINGS ERWEIST SICH ALS NÜTZLICH, WENN DIE EINBILDUNGSKRAFT ODER BESORGNIS DES KREBSES SIE ÜBERMANNT.

Die Elemente Wasser (Krebs) und Luft (Zwilling) bereichern Ihre Persönlichkeit mit verschiedenen, interessanten Facetten. Sie können schnell auf Situationen reagieren und handeln auch unter Streß noch überlegt. Ihre Tendenz sich zu sorgen wird wahrscheinlich durch die Fähigkeit, Probleme objektiv betrachten zu können, abgeschwächt. Ein einflußstarker Krebs-Zug ist Launenhaftigkeit. Hier stabilisiert Sie Ihr Zwillings-Mond. Er wird Ihre Reaktionen beeinflussen und Ausgeglichenheit bewirken.

**Persönlichkeit**

Krebse haben gewöhnlich eine ausgeprägte Phantasie, die manchmal mit ihnen durchzugehen droht. Ihr Zwillings-Mond wird Ihnen helfen, damit etwas rationaler umzugehen. Sie haben ein besonderes Talent dafür, Geschichten zu erzählen oder zu schreiben, und in allen Bereichen des Handwerks oder Kunstgewerbes kreativ zu sein.

Zwillinge können sehr unruhig und inkonsequent sein. Führen Sie grundsätzlich alles, was Sie begonnen haben, auch zu Ende, und begegnen Sie jeder Ruhelosigkeit mit Disziplin.

**Liebesleben**

Möglicherweise werden Sie nicht so leicht von Gefühlen überwältigt wie andere Krebs-Menschen. Aber wie alle sind Sie ein wunderbar umsorgender und beschützender Liebhaber.

Es ist Ihnen auch sehr wichtig, eine eher freundschaftliche Verbindung zu Ihrem Partner zu haben und gemeinsame Interessen mit ihm zu teilen. Dies sollten Sie unbedingt bedenken, bevor Sie eine Bekanntschaft intensivieren.

**Gesundheit**

Die Zwillings-Körperteile sind Arme und Hände. Wenn Sie gerne kochen oder viel mit Metall und Werkzeug hantieren, könnten Sie sich verletzen. Das Zwillings-Organ ist die Lunge.

Der Mond im Zwilling

Wenn sich Ihnen eine Erkältung auf die Bronchien legt, sollten Sie so schnell wie möglich zum Arzt gehen.

### Finanzen

Obwohl Sie wahrscheinlich die krebstypische Klugheit und einen instinktiven soliden Geschäftssinn besitzen, könnten schnelle Geldgeschäfte Sie anziehen. Seien Sie stets vorsichtig, da der erste Eindruck Sie täuschen könnte. Nehmen Sie sich immer genügend Zeit für Entscheidungen. Sie sind ein begabter Verkäufer und dürften für alles, was Sie loswerden möchten, auch einen guten Preis erzielen. Krebse sind Sammler, deshalb lieben Sie Krimskrams jeder Art – zum Beispiel alte Spieluhren.

### Familie

Sie haben modernere Ansichten und sind im Umgang mit Kindern logischer und weniger anhänglich als die meisten Krebse. Da Sie auch weniger sentimental und nostalgisch sind, werden Sie kaum Probleme mit der jungen Generation haben.

# DER MOND IM KREBS

SONNE UND MOND STANDEN BEI IHRER GEBURT IM ZEICHEN DES KREBSES. DESHALB WURDEN SIE BEI NEUMOND GEBOREN UND SIND EIN DOPPELTER KREBS. DA DER MOND ZUDEM DEN KREBS REGIERT, IST SEIN EINFLUSS AUF SIE BESONDERS GROSS.

Wenn Sie eine Liste von typischen Krebs-Eigenschaften studieren, werden Sie finden, daß ein sehr hoher Prozentsatz davon auf Sie zutrifft. Im Durchschnitt bezeichnen Menschen etwa elf oder zwölf von insgesamt zwanzig Eigenschaften als für sie zutreffend. Mit dem Mond im Krebs dürfte bei Ihnen die Quote jedoch weit höher liegen.

### Persönlichkeit

Ihr Sonnenzeichen macht Sie fürsorglich; Sie pflegen gerne andere oder kümmern sich um sie. Der Mondeinfluß verstärkt diesen Charakterzug noch. Sie sind häufig Stimmungsschwankungen unterworfen, und es ist wichtig, dies zu erkennen.

Ebenso wichtig ist, daß Sie zuweilen etwas bissig sein können und Ihre Gefühle dann in ziemlich knapper, scharfer und verletzlicher Weise ausdrücken. Sie sollten eine positive Ausdrucksform für Ihre Emotionen finden. Es ist außerordentlich bedeutsam für Sie, mindestens ein weiteres Interesse neben Karriere oder Haus und Familie zu haben.

### Liebesleben

Sie geben Ihrem Partner viel Liebe, und diese Emotion auszuleben bedeutet Ihnen vermutlich am meisten.

Aber auch Ihre Phantasie will zum Ausdruck kommen. Sie macht Sie einerseits zu einem erstaunlichen Liebhaber, kann aber auch dazu führen, daß Sie ständig um Ihren Partner besorgt sind: Vielleicht sind Sie eifersüchtig oder denken, daß dem anderen etwas Schlimmes passiert sein könnte.

### Gesundheit

Wenn Sie die Seiten 22-23 lesen, werden Sie feststellen, daß Sie unter den meisten Krebs-Beschwerden leiden. Viele von ihnen kommen wie gesagt daher, daß Sie sich zu viele Sorgen machen.

Der Mond im Krebs

**Finanzen**

Man kann häufig lesen, daß Krebse kluge Geschäftleute sind. Weil sowohl Ihr Sonnen- als auch Ihr Mondzeichen der Krebs ist, können Sie in Finanzdingen unbedingt auf Ihren Instinkt vertrauen.

Mehr noch als andere Menschen möchten Sie die Sicherheit eines dikken Bankkontos nicht missen. Krebse können jedoch zuweilen auch knickerig sein, wenn es ums Geldausgeben geht.

Sie wissen wahrscheinlich, daß Krebse die Sammler und Hamsterer des Tierkreises sind! Wenn es nach Ihnen ginge, dürfte im Haushalt nichts, aber auch gar nichts weggeworfen werden, denn tatsächlich könnte jeder noch so unnütze Gegenstand eines Tages wertvoll werden.

**Familie**

Sie möchten unbedingt Kinder, und werden ein ausgezeichneter Elternteil sein. Vergessen Sie aber nicht, daß Ihre Kinder Individuen sind, die irgendwann ihren eigenen Lebensstil finden und selbst eine Familie haben wollen.

Wenn Sie nicht zu sentimental und nostalgisch sind, wird der Generationsunterschied kein Problem darstellen.

# DER MOND IM LÖWEN

KREBS UND LÖWE SIND BENACHBARTE ZEICHEN UND VERLEIHEN IHREN VERTRETERN SEHR UNTERSCHIEDLICHE CHARAKTERMERKMALE. SIND SIE GERNE SCHÖPFERISCH TÄTIG, LASSEN SIE SICH VON NIEMANDEM, AUCH VON SICH SELBST NICHT, DAVON ABHALTEN.

Ihre natürliche Vorsicht als Krebs steht in starkem Kontrast zur Natur des Löwen, der ein Feuerzeichen ist. Deshalb reagieren Sie auf die meisten Dinge wahrscheinlich enthusiastischer als viele Sonnenzeichen-Krebse. Sie sind auch weniger ängstlich und viel organisierter als diese.

**Persönlichkeit**

Die Neigung des Krebses zu Unordnung wird vom Löwe-Mond ziemlich gemildert. Er verleiht Ihnen einen gewissen Stil und Eleganz, was vielen Krebsen fehlt. Die Löwe-Kreativität paßt gut zum Talent des Krebses für phantasievolles Design; es könnte für Sie sehr wichtig sein, kreative Ausdrucksmöglichkeiten zu finden.

Die größte Schwäche des Löwen ist seine Herrschsucht. Beherzigen Sie Vorwürfe, die sich hierauf beziehen! Sie reagieren extrem schnell auf Bemerkungen und Handlungen anderer Leute, und wenn sich dieser Zug mit einer gewissen Neigung des Krebses zu aggressivem Verhalten verbindet, könnten Sie gelegentlich den Unmut anderer auf sich ziehen.

**Liebesleben**

Die warmen und leidenschaftlichen Gefühle, die der Löwe-Mond Ihnen verleiht, zeigen Sie Ihren Lieben auf eine schöne Weise. In sexueller Hinsicht sind Sie möglicherweise sehr bestimmt und wollen vielleicht mehr als andere Krebse dominieren.

Krebse sind sehr sensibel, weshalb sie in Konfliktsituationen schnell verletzt sind. Obwohl sie durch den Löwe-Mond ermutigt werden, ziehen sie sich, einmal verwundet, nicht selten in Ihren Krebspanzer zurück und kultivieren ihren Schmerz.

**Gesundheit**

Die Löwe-Körperregion ist das Rückgrat. Es sollte durch ein Mindestmaß an Sport gesund gehalten werden.

Der Mond im Löwen

Wenn Sie viel im Sitzen arbeiten, brauchen Sie einen Stuhl, der den Rücken entlastet.

Das Löwe-Organ ist das Herz. Wenn Sie den Rat befolgen, Ihren Rücken zu trainieren, stärken Sie automatisch das Herz mit.

**Finanzen**

Höchstwahrscheinlich lieben Sie Luxus und wirkliche Qualität mehr als andere Krebse, obwohl Sie den typisch klugen Geschäftssinn haben. Um Ihr Krebs-Gewissen zu beruhigen, ist es gut, bei Einkäufen auf Qualität zu achten. So bekommen Sie nur das Beste für Ihr Geld und können das, was Sie für ein wenig extravagant halten, eingehend genießen. Scheuen Sie sich nicht, in Investitionsangelegenheiten großzügig zu denken.

**Familie**

Sie sind ein sehr lebendiger, positiver und ermutigender Erzieher. Wenn Sie Ihre Phantasie kontrollieren, müssen Sie sich nicht unnötig um Ihre Kinder sorgen. Vermeiden Sie, allzu stur und dogmatisch auf die Ideen und Vorschläge Ihrer Kinder zu reagieren. So werden Sie Generationskonflikte umgehen.

# *DER MOND IN DER* JUNGFRAU

JUNGFRAU UND KREBS SORGEN SICH VON ALLEN STERNZEICHEN AM MEISTEN: INTUITIVE UND EINGEBILDETE BESORGNIS BEIM KREBS – MEHR VERSTANDESMÄSSIG ORIENTIERTE SORGE BEI DER JUNGFRAU. GLEICHEN SIE DIE EINE DURCH DIE ANDERE AUS.

Wasser und Erde gelten als einander ergänzende Elemente. Deshalb passen die Einflüsse Ihres Mond- und Sonnenzeichens gut zusammen, da die Jungfrau ein Erd-, der Krebs ein Wasserelement ist.

**Persönlichkeit**

Krebs und Jungfrau teilen sich sicher einige positive Eigenschaften, aber sie wetteifern auch darum, wer von beiden sich die größten Sorgen macht. Die Krebs-Besorgnis ist emotional, die der Jungfrau irrational. Aber Krebse sind vorsichtig und Jungfrauen praktisch veranlagt. Beide Züge werden helfen, dieser Schwierigkeit zu begegnen.

**Liebesleben**

Ihre Krebs-Gefühle könnten leicht gehemmt sein, wenn Sie sie einer geliebten Person gegenüber äußern möchten. Jungfrauen sind sehr bescheiden, deshalb schrecken Sie zunächst ein wenig zurück, wenn jemand Ihnen seine Zuneigung gesteht. Versuchen Sie sich dessen bewußt zu werden, daß Ihre wunderbar feinfühligen, sensiblen und fürsorglichen Eigenschaften dadurch behindert werden könnten. Sie sind Ihrem Partner gegenüber möglicherweise ziemlich kritisch und nörgeln herum. Sollten Sie dessen beschuldigt werden, nehmen Sie es sich zu Herzen!

**Gesundheit**

Das Jungfrau-Organ ist der Magen, Ihr Verdauungssystem wird vom Krebs regiert. Wenn Sie sich Sorgen machen, könnte Ihr Magen rebellieren. Jungfrauen neigen auch zu nervöser Anspannung und Streß, was zu Migräne führen kann. Versuchen Sie, innerlich ruhiger zu werden. Entspannungstechniken wie Yoga sind hilfreich.

**Finanzen**

Ihre Krebs-Sonne läßt Sie gewissenhaft mit Geld umgehen, und der Jungfrau-

Der Mond in der Jungfrau

Mond macht Sie noch vorsichtiger. Deshalb sind Sie beim Sparen klug. Vergessen Sie nur nicht, die Früchte Ihrer Arbeit auch zu genießen! Achten Sie bei Geldanlagen auf langsames, stetiges Wachstum.

### Familie

Krebse sind zwar meist warme, fürsorgliche und beschützende Eltern, sie könnten aber dazu neigen, ihre Kinder zu sehr zu kritisieren. Das kann mehr Schaden anrichten als Sie meinen, besonders, wenn Ihre Kinder lebendig und überschwenglich sind. Sie verlieren womöglich ihr Selbstbewußtsein.

Ihre Kreativität kommt bei Ihren Kindern besonders gut an. Sie werden wahrscheinlich weniger Schwierigkeiten mit dem Generationskonflikt haben als die meisten Menschen, denn Sie nehmen, wach und neugierig, wie Sie sind, an den Ideen und Vorstellungen der jüngeren Generation regen Anteil und werden sie häufig zu Diskussionen herausfordern.

# *DER MOND IN DER* WAAGE

WENN IHR GEFÜHL IHNEN RÄT, ABZUSCHALTEN, ENTSPANNEN UND BERUHIGEN SIE SICH. WENN SIE DIESER INNEREN STIMME FOLGEN, WERDEN SIE DAS BESTE AUS DEM EDLEN, DIPLOMATISCHEN WAAGE-MOND MACHEN UND AUSGEGLICHEN BLEIBEN.

Krebs und Waage sind beide kardinale Zeichen, was Ihrer Persönlichkeit einige interessante Züge verleiht.

**Persönlichkeit**

Wie beschäftigt Sie auch immer sein mögen, Sie finden immer Zeit für andere. Die Folge ist manchmal, daß Sie den Eindruck vermitteln, lediglich faul zu sein. Das stimmt natürlich nicht. Sie arbeiten im Gegenteil sehr hart, um zu erreichen, was immer Sie sich vorgenommen haben.

Sie sind diplomatisch und weniger oft Stimmungsschwankungen unterworfen als andere Krebse. Sie haben auch einen natürlichen Sinn für Schönes und legen Wert auf eine angenehme Umgebung und ein angenehmes Äußeres.

**Liebesleben**

Ihre angeborene Unentschlossenheit könnte es Ihnen schwerer als anderen Menschen machen, sich zu binden. Haben Sie sich jedoch einmal entschieden, ist Ihr Wunsch nach Heim und Familie erfüllt, und Sie entwickeln sich zu einem wunderbaren Partner.

Sie haben einen starken Hang zur Romantik, was Ihr Liebes- und Sexleben sehr bereichert. Ihre ruhige und heitere Ausstrahlung behindert die leidenschaftlichen Krebsgefühle nicht.

**Gesundheit**

Das Waage-Organ sind die Nieren. Wiederkehrende Kopfschmerzen könnten auf leichte Nierenstörungen hinweisen, aber auch eine Folge der Krebs-Neigung sein, sich zu viele Sorgen zu machen. Der Waage-Mond wirkt hier zu Ihrem Vorteil und befiehlt Ihnen, sich hinzusetzen, abzuschalten und zu entspannen.

Sie könnten leicht zunehmen, da Krebse bekanntlich aufwendiges Kochen und delikate Gerichte lieben, und Waagen gerne Süßes essen.

**Der Mond in der Waage**

Besuchen Sie beispielsweise ein Fitneßstudio, in dem Sie nach dem Sport mit netten Menschen zusammensein können.

## Finanzen

Die Vorsicht des Krebses in Gelddingen mildert Ihre luxuriöse Waage-Natur ein wenig ab. Sie sollten das Ganze so sehen: Sie verstehen mit Geld umzugehen und es mangelt Ihnen nicht an Scharfsinn, warum sollten Sie also Ihrem Hang zu Luxus nicht nachgeben? Das macht das Leben schöner und hilft Ihnen sicher, sich bestmöglich zu entspannen.

## Familie

Sie haben vermutlich eine entspanntere Einstellung zu Kindern als viele andere Krebse. Seien Sie aber nicht zu unentschlossen, das verwirrt sie. Ihre Kinder sollten nach Möglichkeit immer wissen, woran sie mit Ihnen sind. Da Sie ihnen auch gerne zuhören, dürfte es keine Schwierigkeiten zwischen Ihnen und der jüngeren Generation geben.

# *DER MOND IM*
# SKORPION

KREBS UND SKORPION SIND BEIDE WASSERZEICHEN. IHR MOND VERLEIHT IHNEN UNGLAUBLICHE EMOTIONALE ENERGIE. NUTZEN SIE SIE WEISE, UND SEIEN SIE NICHT EIFERSÜCHTIG ODER NACHTRAGEND.

Weil Krebs und Skorpion Wasserzeichen sind, verfügen Sie über ungeheure emotionale und körperliche Energie. Finden Sie adäquate Ausdrucksmöglichkeiten, denn innere Zufriedenheit und das Gefühl von psychischer Ausgeglichenheit sind für Sie besonders wichtig.

### Persönlichkeit

Ihr Beruf muß Sie ausfüllen. Wenn das nicht der Fall ist, und wenn Sie auch Ihr sonstiges Leben als unausgefüllt betrachten, sollten Sie sich eine Freizeitbeschäftigung suchen, die entweder Ihre emotionale oder körperliche Energie verbraucht, idealerweise aber beide. Die Zähigkeit des Krebses und der Drang des Skorpions, jedem Problem auf den Grund zu gehen, passen in jeder Hinsicht gut zusammen.

### Liebesleben

Sie tragen viel zu einer dauerhaften Beziehung bei. Als extrem leidenschaftlicher Liebhaber können Sie jedoch sexuell und auch sonst sehr fordernd sein. Sie brauchen einen verständnisvollen Partner, der genau wie Sie ein aktives und erfülltes Leben führen möchte. Überfallen Krebs-Launen Sie, muß Ihr Partner rücksichtvoll genug sein, das zu verstehen.

Eifersucht ist die größte Schwäche des Skorpions. Wenn Sie Ihrer Krebs-Phantasie zu freien Lauf lassen, könnte das schlimme Spannungen in der Beziehung verursachen. Versuchen Sie rationale Erklärungen zu akzeptieren, und sehen Sie ein, daß Ihnen Ihre Logik abhanden kommen kann.

### Gesundheit

Die Skorpion-Körperregion ist der Genitalbereich, regelmäßige Untersuchungen sind wichtig.

Sie könnten generell besorgter sein, als Krebse das gewöhnlich sind, was ebenfalls Einfluß auf Ihre Gesundheit hat.

**Der Mond im Skorpion**

## Finanzen

Sie besitzen einen guten Geschäftssinn und haben das Talent, ein eigenes Unternehmen aufzubauen. Ihre Krebs-Sonne verleiht Ihnen Scharfsinn, und Ihr Skorpion-Mond verstärkt dies noch.

## Familie

Die Krebs-Sonne macht Sie zu einem guten, aber fordernden Elternteil: Es könnte sein, daß Sie sehr viel strenger sind, als Sie meinen! Sie wollen Ihre Kinder aktiv sehen, seien Sie dabei aber nicht dogmatisch. Ermutigen Sie sie, aber bedenken Sie, daß es schwierig sein könnte, für jedes Kind die passende Form der Ermutigung zu finden.

Seien Sie nicht zu sehr darauf bedacht, daß Ihre Kinder in Ihre Fußstapfen treten, denn sie haben vielleicht eigene Interessen. Wenn Sie ihnen den notwendigen Freiraum zu ihrer Entfaltung lassen, dürften Generationskonflikte nicht auftauchen.

# DER MOND IM SCHÜTZEN

IHRER SCHÜTZENATUR NACH MÖCHTEN SIE UNABHÄNGIG SEIN UND SICH FREI ENTFALTEN, SCHÄTZEN ABER DEN KREBSWUNSCH NACH GEBORGENHEIT GENAUSO. LERNEN SIE KOMPROMISSE EINZUGEHEN, OHNE SICH DABEI ZU VERLEUGNEN.

Die Kombination aus Krebs-Sonne und Schütze-Mond verleiht Ihrer Persönlichkeit einige gegensätzliche und sehr eigenwillige Züge. Vielleicht denken Sie, wenn Sie eine Beschreibung des Krebses lesen, daß manches davon wenig oder gar nicht zutrifft.

**Persönlichkeit**

Vermutlich haben Sie vielfältigere Interessen als andere Krebse und manche Eigenschaften, die sonst kaum mit dem Krebs in Verbindung gebracht werden. Während Sie einerseits die Sicherheit von Heim und Familie brauchen, können Sie Einschränkungen durch zu große Bindung an die Familie, sei es räumlich oder psychologisch, nicht ertragen. Es ist wichtig, daß Sie Ihre extrovertierten und mitteilsamen Züge frei ausleben. Lassen Sie sich nicht durch Krebs-Empfindlichkeit oder Hemmungen an der freien Entfaltung Ihrer Schütze-Eigenschaften hindern.

**Liebesleben**

Sie haben eine äußerst positive Einstellung zu Liebe und Sex und wünschen sich Spaß und Genuß in einer Beziehung. Der Schütze ist ein sehr emotionales Zeichen; Sie besitzen daher Leidenschaft und mitteilsame Eigenschaften im Überfluß.

Es könnte sein, daß Sie viel länger als andere Krebse brauchen, um eine feste Beziehung aufzubauen. Bevor Sie sich entscheiden, sollten Sie bedenken, daß Sie einen Partner brauchen, der Ihnen geistig ebenbürtig ist und Ihren Horizont erweitert.

**Gesundheit**

Hüfte und Oberschenkel werden vom Schützen regiert. Krebs-Frauen, die meist gerne kochen oder gutes Essen mögen, können an diesen Stellen sehr leicht zunehmen. Männer setzen weniger Fett an den Hüften an, sie können aber leicht einen Bauchansatz bekommen.

Der Mond im Schützen

Glücklicherweise treiben Sie gern Sport. Wenn nicht, versuchen Sie es mit modernen Tanzformen oder Jazzgymnastik. Auch Reiten könnte Sie begeistern.

**Finanzen**

Ihr Mut zum Risiko macht Sie in Gelddingen zuweilen etwas tollkühn. Erinnern Sie sich Ihres Krebs-Scharfsinns, und daß Sie die Gabe haben, in Geschäfts- wie in Finanzangelegenheiten klug zu handeln. Versuchen Sie deshalb, das Beste aus Ihren Sonnen- und Mondzeichenqualitäten zu machen. Genießen Sie die Herausforderung, Ihr Geld zu vermehren, ohne daß Ihre Spielernatur Sie überwältigt.

**Familie**

Sie sind Ihren Kindern gegenüber sehr offen und machen sich keine Sorgen, wenn sie ein paar Minuten später von der Schule kommen.

Sie können sie inspirieren, und wenn Sie Ihrem natürlichen Enthusiasmus freien Lauf lassen, werden Sie ihre Liebe und ihren Respekt gewinnen.

Wahrscheinlich dürfte es deshalb zwischen Ihnen kaum Generationskonflikte geben

# DER MOND IM STEINBOCK

KREBS UND STEINBOCK SIND ENTGEGENGESETZTE ODER POLARE ZEICHEN. SIE WURDEN DAHER UNTER VOLLMOND GEBOREN. SIE SIND OFT RASTLOS UND INNERLICH UNZUFRIEDEN. VERSUCHEN SIE IHREN HANG ZUM MURREN IN GRENZEN ZU HALTEN.

Sie sind ehrgeiziger und streben nach höheren Zielen als andere Krebse. Da aber der Steinbock kein sehr emotionales Zeichen ist, könnte es sein, daß dieser gewöhnlich starke Ehrgeiz nicht genügend zum Ausdruck kommt. Es ist wichtig, daß Sie ihn nicht unterdrücken!

**Persönlickeit**

Krebs und Steinbock sind beide kardinale Zeichen. Daher können Sie Ihre Energie frei und ohne zu zögern zum Nutzen anderer einsetzen. Was Sie selbst betrifft: Sie besitzen die Gabe, alles zu erreichen, was Sie sich vorgenommen haben.

Seien Sie in einem Punkt vorsichtig: Sie murren gern, besonders, wenn Sie mit Vorschlägen oder Herausforderungen konfrontiert werden, die nicht so gut zu Ihren Plänen passen. Dadurch könnten Sie auf andere Menschen sehr unzugänglich wirken. Es könnte auch sein, daß Sie häufig unruhig sind, ein verbreitetes Übel bei Menschen, die unter Vollmondeinfluß geboren wurden.

**Liebesleben**

Krebse begegnen ihrem Partner mit Wärme und Zärtlichkeit; dennoch könnten Sie bei der ersten Begegnung mit einem potentiellen Partner etwas zurückhaltend reagieren. Vielleicht muß das Eis erst schmelzen.

Sobald Sie sich auch nur im mindesten verletzt oder unsicher fühlen, ziehen Sie sich in Ihren Krebspanzer zurück. Aber gewinnt Ihr Partner erst einmal Ihr Vertrauen, hat er in Ihnen wirklich jemand Besonderen gefunden: es ist mehr als wahrscheinlich, daß Sie ihm für immer die Treue halten.

**Gesundheit**

Die Steinbock-Körperpartien sind Schienbein und Knie. Sie sind ebenso wie Ihre Gelenke anfällig für Rheuma und Arthrose, und es ist daher sehr

Der Mond im Steinbock

wichtig, daß Sie sich durch viel Sport beweglich halten.

### Finanzen

In einer Hinsicht zeigt sich eine Gemeinsamkeit von Steinbock und Krebs: es ist ihr sehr vorsichtiger Umgang mit Geld. Ein wenig mehr Großzügigkeit und Freude am Genuß könnte Ihnen sicher nicht schaden.

Ihr Steinbock-Mond verleiht Ihnen Sinn für echte Qualität. Sie bevorzugen Dinge, die lange halten, weil Sie einerseits Verschwendung hassen, und weil Sie sich zum anderen schwer von Dingen trennen können. Sie legen Ihr Geld wohlüberlegt an und sind darauf bedacht, es zu vermehren.

### Familie

Sie sollten sich nicht zu sehr von Ihren Kindern distanzieren. Achten Sie darauf, daß der Spaß im Leben nicht zu kurz kommt, und daß Ihr besonderer Steinbock-Humor sich genügend entfalten kann. Wenn Sie all das beherzigen, werden Sie kaum Probleme mit Ihren Kindern erleben.

# DER MOND IM WASSERMANN

SCHEUEN SIE SICH NICHT, IHRE UNKONVENTIONELLE ORIGINALITÄT ZU ZEIGEN: DADURCH HABEN SIE DIE CHANCE, GROSSE INNERE ZUFRIEDENHEIT UND ERFÜLLUNG ZU ERLANGEN. DISTANZIEREN SIE SICH NICHT INSTINKTIV VON ANDEREN.

Ihr Wasser- und Ihr Sonnenzeichen sind nicht die einfachsten Schlafkameraden. Dennoch verleihen sie Ihnen einige interessante und ungewöhnliche Eigenschaften, die Sie zu einer wirklich faszinierenden Persönlichkeit machen.

## Persönlichkeit

Ihre Reaktion in bestimmten Situationen ist ziemlich unvorhersehbar: manchmal sind Sie aufgeschlossen, dann wieder ablehnend.

Ihre Krebs-Liebenswürdigkeit und Ihr Einfühlungsvermögen wird durch Ihre Hilfsbereitschaft wunderbar ergänzt. Wenn Ihnen Not begegnet, opfern Sie bedenkenlos Zeit, Energie und Geld. Ihr instinktives Gespür für die Not anderer ist es, die Sie motiviert. Sind Sie einmal dabei, lassen Sie ihrem fürsorglichen und beschützenden Wesen freien Lauf.

Die Emotionalität des Krebses wird durch den Wassermann-Mond etwas »abgekühlt«. Sie können Ihre Gefühle rational betrachten und sich notfalls sogar davon distanzieren.

## Liebesleben

In Ihrem Herzen sind Sie sehr romantisch, aber ein inneres Bedürfnis nach Unabhängigkeit könnte mit Ihrem Wunsch nach Heim und Familie kollidieren. Sie würden gern ein Leben führen, das sich von dem anderer unterscheidet. Ihre Liebe zu Abenteuern ist niemals gänzlich oberflächlich, und deshalb genießen Sie Liebe und Sex gerne in romantischer Atmosphäre. Es dürfte Ihnen nicht schwerfallen, Ihren Partner zu überreden, dies ebenfalls zu genießen. Da Sie eine besondere Ausstrahlung haben und auf das andere Geschlecht sehr anziehend wirken, dürften Sie viel Spaß haben.

## Gesundheit

Der Wassermann regiert die Knöchel, die sehr anfällig für Verletzungen sind. Auch der Kreislauf wird vom Wasser-

**Der Mond im Wassermann**

mann bestimmt. Geben Sie daher gut auf sich acht, wenn es kalt ist.

### Finanzen

Von allen Krebs-Kombinationen ist die des Wassermann-Krebses die vielleicht ungünstigste, was den Umgang mit Geld betrifft. Dennoch verfügen auch Sie über die typische Klugheit und den Geschäftssinn des Krebses; Sie sind in diesen Dingen vielleicht sogar geschickter, als Sie meinen, und lassen Ihre Fähigkeiten ungenutzt. Falls Sie die Absicht haben, ein eigenes Geschäft zu gründen, zögern Sie nicht, denn Sie haben gute Erfolgschancen.

### Familie

Ihr unkonventionelles Wassermann-Wesen und die Stimmungsschwankungen des Krebses könnten im Umgang mit Ihren Kindern Probleme verursachen. Wenn Sie mit den Ideen und Anliegen Ihrer Kinder Schritt halten, werden Sie eventuelle Generationskonflikte meistern.

# DER MOND IM FISCH

EIN ZÄRTLICHER UND LIEBEVOLLER KREBS, DER DIE MÄCHTIGE, GEFÜHLSORIENTIERTE STÄRKE DES FISCHES BESITZT, VERFÜGT ÜBER EINE ÜBERWÄLTIGENDE EMOTIONALE ENERGIE. NUTZEN SIE SIE UND UNTERSCHÄTZEN SIE NIEMALS IHRE FÄHIGKEITEN.

Die Konstellation aus zwei Wasserzeichen wird Ihnen helfen, Ihre Begabungen in Ihre Persönlichkeit zu integrieren. Sie sollten sich in acht nehmen, daß Sie nicht völlig von Ihren Reaktionen auf Menschen und von der Kraft der Gefühle überwältigt werden.

## Persönlichkeit

Sie folgen automatisch Ihrer Intuition und Ihren natürlichen Instinkten. Vergessen Sie nicht, daß andere, weil Sie so freundlich, hilfsbereit und wohltätig und immer bereit sind, Zeit, Energie und Geld zu teilen, Sie ausnutzen könnten. Sie sollten manchmal bewußt Ihren Krebs-Schutzpanzer aufbauen. Wenn Sie die völlige Kontrolle über Ihr Leben haben wollen, müssen Sie entschlossen mit sich sein. Ihre Krebs-Sonne verleiht Ihnen innere Stärke und Zähigkeit, aber der zärtliche und übersensible Fisch-Mond könnte Ihre stärkere Charakterseite untergraben, besonders, wenn Sie bewegt sind.

## Liebesleben

Wenn Sie mit jemand zusammenleben, der Ihnen nicht genügend Freiheit zur Entfaltung Ihres Potentials und zur Nutzung Ihrer lebhaften Phantasie zugesteht, sollten Sie die Beziehung noch einmal überdenken. Sie brauchen einen starken Partner, der Sie in allen Bemühungen unterstützt, und Ihnen beisteht, wenn in einem Bereich Ihres Lebens schwere Zeiten kommen sollten. Sie besitzen eine romantische, ja fast poetische Seite, die Ihr Sex- und Liebesleben bereichert: Ihr Partner wird das vollauf genießen! Belügen Sie sich nicht selbst, wenn Sie verliebt sind, indem Sie Ihren Partner zu sehr idealisieren, und versuchen Sie auch andere nicht zu täuschen.

## Gesundheit

Der Fisch beherrscht die Füße. Sie können Ihnen einige Probleme bereiten; andererseits könnte genau das Gegenteil der Fall sein – was für die Astrolo-

**Der Mond im Fisch**

gie ja typisch ist –, und Ihre Füße sind völlig unproblematisch und gesund. Geben Sie acht, daß die Krebs-Tendenz zu Besorgnis, der Sie erliegen könnten, keine irrationalen Formen annimmt, und daß Ihre starke Phantasie nicht mit Ihnen durchgeht. Lassen Sie sich von Ihrer Intuition leiten, und halten Sie übertriebene Reaktionen in Zaum.

## Finanzen

Der Fisch-Mond könnte Ihre praktischen, vorsichtigen Krebseigenschaften in den Hintergrund drängen, wenn es ums Geld geht. Wenn Sie sich dessen bewußt sind, werden Sie nach einiger Zeit lernen, mit Geld besser umzugehen. Suchen Sie stets den Rat eines Finanzberaters, Steuerberaters oder anderer Fachleute.

## Familie

Kinder sind sehr schlau und lernen schon früh, wie sie Sie um den Finger wickeln können. Es ist möglich, daß Sie von Zeit zu Zeit etwas strenger mit ihnen sein müssen.

Seien Sie nicht zu anhänglich und sentimental, und vergessen Sie nicht, daß wenn Sie mit den Ansichten Ihrer Kinder nicht mithalten, Generationskonflikte auftauchen könnten.

# MONDTABELLEN

DIE MONDTABELLE NENNT IHNEN IHR PERSÖNLICHES MONDZEICHEN. LESEN SIE IM ENTSPRECHENDEN KAPITEL IHRE EIGENSCHAFTEN.

Suchen Sie in der Mondtabelle auf den Seiten 57 bis 59 Ihr Geburtsjahr und Ihren Geburtsmonat und merken Sie sich das astrologische Symbol am Kreuzungspunkt der beiden. Suchen Sie in der Monatstage-Tabelle auf Seite 56 Ihr Geburtsdatum und merken Sie sich die danebenstehende Zahl. Zählen Sie nun in der Zeichen-Tabelle daneben von dem astrologischen Symbol aus der Mondtabelle so viele Stellen nach unten, wie die Zahl aus der Tabelle neben Ihrem Geburtstag angibt. Springen Sie bei Bedarf von *Fische* zu *Widder*. So finden Sie Ihr Mondzeichen.

Beispiel: 21. Mai 1991. Unter Mai 1991 findet man in der Mondtabelle das Symbol Schütze (♐). Neben der Geburtszahl 21 steht die 9. Man zählt nun in der Zeichen-Tabelle von Schütze 9 Stellen nach unten und kommt zur Jungfrau (♍). Das Mondzeichen für den 21. Mai 1991 ist also Jungfrau.

Beachten Sie, daß der Mond sehr rasch wandert! Falls Sie das Gefühl haben, die Attribute Ihres Mondzeichens treffen nicht auf Sie zu, lesen Sie die Kapitel über das jeweilige Mondzeichen davor bzw. danach; in einem dieser drei finden Sie sich auf jeden Fall wieder.

## MONATSTAGE-TABELLE

UND ZAHL DER ZUM ASTROLOGISCHEN SYMBOL ZU ADDIERENDEN STELLEN

| TAG | PLUS | TAG | PLUS | TAG | PLUS | TAG | PLUS |
|---|---|---|---|---|---|---|---|
| 1 | 0 | 9 | 4 | 17 | 7 | 25 | 11 |
| 2 | 1 | 10 | 4 | 18 | 8 | 26 | 11 |
| 3 | 1 | 11 | 5 | 19 | 8 | 27 | 12 |
| 4 | 1 | 12 | 5 | 20 | 9 | 28 | 12 |
| 5 | 2 | 13 | 5 | 21 | 9 | 29 | 1 |
| 6 | 2 | 14 | 6 | 22 | 10 | 30 | 1 |
| 7 | 3 | 15 | 6 | 23 | 10 | 31 | 2 |
| 8 | 3 | 16 | 7 | 24 | 10 | | |

## STERNZEICHEN

| | |
|---|---|
| ♈ | WIDDER |
| ♉ | STIER |
| ♊ | ZWILLINGE |
| ♋ | KREBS |
| ♌ | LÖWE |
| ♍ | JUNGFRAU |
| ♎ | WAAGE |
| ♏ | SKORPION |
| ♐ | SCHÜTZE |
| ♑ | STEINBOCK |
| ♒ | WASSERMANN |
| ♓ | FISCH |

| | 1923 | 1924 | 1925 | 1926 | 1927 | 1928 | 1929 | 1930 | 1931 | 1932 | 1933 | 1934 | 1935 |
|---|---|---|---|---|---|---|---|---|---|---|---|---|---|
| JAN | ♊ | ♏ | ♈ | ♌ | ♐ | ♈ | ♍ | ♑ | ♉ | ♎ | ♓ | ♋ | ♏ |
| FEB | ♌ | ♐ | ♉ | ♍ | ♑ | ♊ | ♏ | ♓ | ♋ | ♐ | ♈ | ♌ | ♑ |
| MRZ | ♌ | ♑ | ♉ | ♍ | ♒ | ♋ | ♏ | ♓ | ♋ | ♐ | ♉ | ♍ | ♑ |
| APR | ♎ | ♓ | ♋ | ♏ | ♈ | ♍ | ♑ | ♉ | ♍ | ♒ | ♊ | ♎ | ♓ |
| MAI | ♏ | ♈ | ♌ | ♐ | ♉ | ♎ | ♒ | ♊ | ♎ | ♓ | ♋ | ♐ | ♈ |
| JUN | ♑ | ♉ | ♍ | ♒ | ♋ | ♏ | ♓ | ♌ | ♐ | ♉ | ♍ | ♑ | ♊ |
| JUL | ♒ | ♋ | ♏ | ♓ | ♌ | ♐ | ♈ | ♍ | ♑ | ♊ | ♎ | ♓ | ♋ |
| AUG | ♈ | ♌ | ♐ | ♉ | ♍ | ♒ | ♊ | ♏ | ♓ | ♋ | ♐ | ♈ | ♌ |
| SEP | ♉ | ♎ | ♒ | ♋ | ♏ | ♓ | ♌ | ♐ | ♈ | ♍ | ♑ | ♊ | ♎ |
| OKT | ♊ | ♏ | ♓ | ♌ | ♐ | ♉ | ♍ | ♑ | ♉ | ♎ | ♓ | ♋ | ♏ |
| NOV | ♌ | ♑ | ♉ | ♍ | ♑ | ♊ | ♏ | ♓ | ♋ | ♐ | ♈ | ♌ | ♑ |
| DEZ | ♍ | ♒ | ♊ | ♎ | ♓ | ♌ | ♐ | ♈ | ♌ | ♑ | ♉ | ♍ | ♒ |

| | 1936 | 1937 | 1938 | 1939 | 1940 | 1941 | 1942 | 1943 | 1944 | 1945 | 1946 | 1947 | 1948 |
|---|---|---|---|---|---|---|---|---|---|---|---|---|---|
| JAN | ♈ | ♌ | ♑ | ♉ | ♍ | ♒ | ♊ | ♎ | ♓ | ♌ | ♐ | ♈ | ♍ |
| FEB | ♉ | ♎ | ♒ | ♊ | ♏ | ♈ | ♌ | ♐ | ♉ | ♍ | ♑ | ♊ | ♎ |
| MRZ | ♊ | ♎ | ♒ | ♋ | ♐ | ♈ | ♌ | ♐ | ♉ | ♎ | ♒ | ♊ | ♏ |
| APR | ♌ | ♐ | ♈ | ♌ | ♑ | ♉ | ♎ | ♒ | ♋ | ♏ | ♓ | ♌ | ♑ |
| MAI | ♍ | ♑ | ♉ | ♎ | ♒ | ♊ | ♏ | ♓ | ♌ | ♐ | ♉ | ♍ | ♒ |
| JUN | ♎ | ♒ | ♋ | ♏ | ♈ | ♌ | ♑ | ♉ | ♎ | ♒ | ♊ | ♏ | ♓ |
| JUL | ♏ | ♈ | ♌ | ♑ | ♉ | ♍ | ♒ | ♊ | ♏ | ♓ | ♌ | ♐ | ♈ |
| AUG | ♑ | ♉ | ♎ | ♒ | ♋ | ♏ | ♈ | ♌ | ♐ | ♉ | ♍ | ♑ | ♊ |
| SEP | ♓ | ♋ | ♏ | ♈ | ♌ | ♑ | ♉ | ♍ | ♒ | ♋ | ♏ | ♓ | ♌ |
| OKT | ♈ | ♌ | ♑ | ♉ | ♎ | ♒ | ♊ | ♎ | ♓ | ♌ | ♐ | ♈ | ♍ |
| NOV | ♊ | ♎ | ♒ | ♊ | ♏ | ♈ | ♌ | ♐ | ♉ | ♍ | ♑ | ♊ | ♏ |
| DEZ | ♋ | ♏ | ♓ | ♌ | ♑ | ♉ | ♍ | ♑ | ♊ | ♎ | ♒ | ♋ | ♐ |

| | 1949 | 1950 | 1951 | 1952 | 1953 | 1954 | 1955 | 1956 | 1957 | 1958 | 1959 | 1960 | 1961 |
|---|---|---|---|---|---|---|---|---|---|---|---|---|---|
| Jan | ♑ | ♊ | ♎ | ♓ | ♋ | ♏ | ♈ | ♌ | ♑ | ♉ | ♍ | ♒ | ♋ |
| Feb | ♓ | ♋ | ♐ | ♈ | ♍ | ♑ | ♉ | ♎ | ♒ | ♊ | ♏ | ♈ | ♌ |
| Mrz | ♓ | ♋ | ♐ | ♉ | ♍ | ♑ | ♊ | ♏ | ♓ | ♋ | ♏ | ♈ | ♌ |
| Apr | ♉ | ♍ | ♒ | ♊ | ♎ | ♓ | ♋ | ♐ | ♈ | ♌ | ♑ | ♊ | ♎ |
| Mai | ♊ | ♎ | ♓ | ♋ | ♐ | ♈ | ♍ | ♑ | ♉ | ♎ | ♒ | ♋ | ♏ |
| Jun | ♌ | ♐ | ♈ | ♍ | ♑ | ♊ | ♎ | ♓ | ♋ | ♐ | ♈ | ♌ | ♑ |
| Jul | ♍ | ♑ | ♊ | ♎ | ♓ | ♋ | ♏ | ♈ | ♌ | ♑ | ♉ | ♍ | ♒ |
| Aug | ♏ | ♓ | ♋ | ♐ | ♈ | ♍ | ♑ | ♉ | ♎ | ♒ | ♊ | ♏ | ♈ |
| Sep | ♐ | ♈ | ♍ | ♑ | ♊ | ♎ | ♒ | ♋ | ♐ | ♈ | ♌ | ♑ | ♊ |
| Okt | ♑ | ♊ | ♎ | ♓ | ♋ | ♏ | ♓ | ♌ | ♑ | ♉ | ♍ | ♒ | ♋ |
| Nov | ♓ | ♋ | ♏ | ♈ | ♍ | ♑ | ♉ | ♎ | ♒ | ♊ | ♏ | ♈ | ♌ |
| Dez | ♈ | ♌ | ♑ | ♊ | ♎ | ♒ | ♊ | ♏ | ♓ | ♌ | ♐ | ♉ | ♍ |

| | 1962 | 1963 | 1964 | 1965 | 1966 | 1967 | 1968 | 1969 | 1970 | 1971 | 1972 | 1973 | 1974 |
|---|---|---|---|---|---|---|---|---|---|---|---|---|---|
| Jan | ♏ | ♓ | ♌ | ♐ | ♈ | ♍ | ♑ | ♊ | ♎ | ♒ | ♋ | ♐ | ♈ |
| Feb | ♐ | ♉ | ♍ | ♒ | ♊ | ♏ | ♓ | ♋ | ♏ | ♈ | ♍ | ♑ | ♉ |
| Mrz | ♐ | ♉ | ♎ | ♒ | ♊ | ♏ | ♈ | ♌ | ♐ | ♉ | ♍ | ♑ | ♊ |
| Apr | ♒ | ♋ | ♏ | ♈ | ♌ | ♑ | ♉ | ♍ | ♒ | ♊ | ♏ | ♓ | ♋ |
| Mai | ♓ | ♌ | ♐ | ♉ | ♍ | ♒ | ♊ | ♎ | ♓ | ♋ | ♐ | ♈ | ♍ |
| Jun | ♉ | ♎ | ♒ | ♊ | ♏ | ♓ | ♌ | ♐ | ♉ | ♍ | ♑ | ♊ | ♎ |
| Jul | ♊ | ♏ | ♓ | ♌ | ♐ | ♈ | ♍ | ♑ | ♊ | ♎ | ♓ | ♋ | ♐ |
| Aug | ♌ | ♐ | ♉ | ♎ | ♒ | ♊ | ♏ | ♓ | ♋ | ♏ | ♈ | ♍ | ♑ |
| Sep | ♍ | ♒ | ♋ | ♏ | ♓ | ♋ | ♐ | ♉ | ♍ | ♑ | ♊ | ♎ | ♓ |
| Okt | ♏ | ♓ | ♌ | ♐ | ♈ | ♍ | ♒ | ♊ | ♎ | ♒ | ♋ | ♐ | ♈ |
| Nov | ♐ | ♉ | ♎ | ♒ | ♊ | ♎ | ♓ | ♋ | ♐ | ♈ | ♍ | ♑ | ♉ |
| Dez | ♑ | ♊ | ♏ | ♓ | ♋ | ♐ | ♈ | ♌ | ♑ | ♉ | ♎ | ♒ | ♊ |

| | 1975 | 1976 | 1977 | 1978 | 1979 | 1980 | 1981 | 1982 | 1983 | 1984 | 1985 | 1986 | 1987 |
|---|---|---|---|---|---|---|---|---|---|---|---|---|---|
| JAN | ♌ | ♑ | ♉ | ♍ | ♒ | ♊ | ♏ | ♓ | ♌ | ♐ | ♉ | ♍ | ♑ |
| FEB | ♎ | ♒ | ♋ | ♏ | ♈ | ♌ | ♐ | ♉ | ♍ | ♒ | ♊ | ♎ | ♓ |
| MRZ | ♎ | ♓ | ♋ | ♏ | ♈ | ♍ | ♑ | ♉ | ♎ | ♒ | ♊ | ♏ | ♓ |
| APR | ♐ | ♈ | ♍ | ♑ | ♊ | ♎ | ♒ | ♋ | ♏ | ♈ | ♌ | ♑ | ♉ |
| MAI | ♑ | ♉ | ♎ | ♒ | ♋ | ♏ | ♓ | ♌ | ♐ | ♉ | ♍ | ♒ | ♊ |
| JUN | ♓ | ♋ | ♐ | ♈ | ♌ | ♑ | ♉ | ♎ | ♒ | ♊ | ♏ | ♓ | ♌ |
| JUL | ♈ | ♌ | ♑ | ♉ | ♍ | ♒ | ♋ | ♏ | ♓ | ♌ | ♐ | ♉ | ♍ |
| AUG | ♉ | ♎ | ♓ | ♋ | ♏ | ♈ | ♌ | ♐ | ♈ | ♎ | ♒ | ♊ | ♎ |
| SEP | ♋ | ♐ | ♈ | ♌ | ♐ | ♊ | ♎ | ♒ | ♊ | ♏ | ♓ | ♌ | ♐ |
| OKT | ♌ | ♑ | ♉ | ♍ | ♒ | ♋ | ♏ | ♓ | ♋ | ♐ | ♉ | ♍ | ♑ |
| NOV | ♎ | ♓ | ♋ | ♏ | ♓ | ♌ | ♐ | ♉ | ♍ | ♒ | ♊ | ♎ | ♓ |
| DEZ | ♏ | ♈ | ♌ | ♐ | ♉ | ♍ | ♑ | ♊ | ♎ | ♓ | ♋ | ♐ | ♈ |

| | 1988 | 1989 | 1990 | 1991 | 1992 | 1993 | 1994 | 1995 | 1996 | 1997 | 1998 | 1999 | 2000 |
|---|---|---|---|---|---|---|---|---|---|---|---|---|---|
| JAN | ♊ | ♎ | ♒ | ♋ | ♏ | ♈ | ♌ | ♑ | ♉ | ♎ | ♒ | ♊ | ♏ |
| FEB | ♋ | ♐ | ♈ | ♍ | ♑ | ♉ | ♎ | ♒ | ♋ | ♏ | ♈ | ♌ | ♐ |
| MRZ | ♌ | ♐ | ♉ | ♍ | ♒ | ♊ | ♎ | ♓ | ♋ | ♏ | ♈ | ♌ | ♑ |
| APR | ♍ | ♒ | ♊ | ♏ | ♓ | ♋ | ♐ | ♈ | ♍ | ♑ | ♊ | ♎ | ♓ |
| MAI | ♏ | ♓ | ♌ | ♐ | ♈ | ♍ | ♑ | ♉ | ♎ | ♒ | ♋ | ♏ | ♈ |
| JUN | ♐ | ♉ | ♍ | ♑ | ♊ | ♎ | ♓ | ♋ | ♐ | ♈ | ♌ | ♑ | ♉ |
| JUL | ♑ | ♊ | ♎ | ♒ | ♋ | ♐ | ♈ | ♌ | ♑ | ♉ | ♎ | ♒ | ♋ |
| AUG | ♓ | ♌ | ♐ | ♈ | ♍ | ♑ | ♉ | ♎ | ♓ | ♋ | ♏ | ♓ | ♌ |
| SEP | ♉ | ♍ | ♑ | ♊ | ♏ | ♓ | ♋ | ♏ | ♈ | ♌ | ♑ | ♉ | ♎ |
| OKT | ♊ | ♎ | ♒ | ♋ | ♐ | ♈ | ♌ | ♑ | ♉ | ♎ | ♒ | ♊ | ♏ |
| NOV | ♌ | ♐ | ♈ | ♍ | ♑ | ♉ | ♎ | ♒ | ♋ | ♏ | ♈ | ♌ | ♑ |
| DEZ | ♍ | ♑ | ♉ | ♎ | ♒ | ♋ | ♏ | ♈ | ♌ | ♐ | ♉ | ♍ | ♒ |

# *DAS* SONNENSYSTEM

DIE STERNE HABEN, MIT AUSNAHME DER SONNE, IN DER ASTROLOGIE KEINE BEDEUTUNG. DIE ASTROLOGEN BENUTZEN JEDOCH DIE KONSTELLATION DER PLANETEN IM SONNENSYSTEM, UM DARAUS DEN CHARAKTER UND DIE ZUKUNFT EINES MENSCHEN ZU BESTIMMEN.

**Pluto**

Pluto umkreist die Sonne einmal in 246 Erdjahren. Er beeinflußt unsere Instinkte und Wünsche und verleiht uns Kraft in Notsituationen. Er verstärkt auch unseren Hang zur Grausamkeit.

**Neptun**

Neptun bleibt in jedem Sternzeichen 14 Jahre. In günstigen Fällen verleiht er uns Sensibilität und Phantasie; in schlechten ruft er Egoismus und Hinterlist hervor.

**Uranus**

Sein Einfluß macht uns freundlich, charmant und erfinderisch, aber auch exzentrisch und unberechenbar.

**Saturn**

Im Altertum war Saturn der am weitesten entfernte Planet. Er dämpft unseren Ehrgeiz und macht uns entweder übervorsichtig (aber praktisch gesinnt) oder zuverlässig und selbstbeherrscht.

SATURN

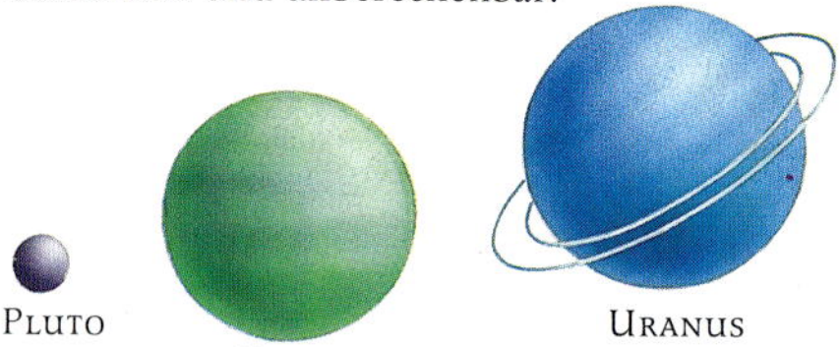

PLUTO

NEPTUN

URANUS

### Jupiter
Jupiter weckt Optimismus, Großzügigkeit und Phantasie in uns, kann uns aber auch zu verschwenderischen und extravaganten Menschen machen.

### Mars
Mars steht für Kraft, Aggressivität, Zorn, Egoismus und starke Sexualität, aber auch für Entscheidungsfreude und Führungsqualitäten.

### Der Mond
Obwohl der Mond nur als Satellit die Erde umkreist, zählt er in der Astrologie zu den Planeten. Er ist rund 384 000 km von der Erde entfernt und ist, astrologisch gesehen, nach der Sonne der zweitwichtigste Planet.

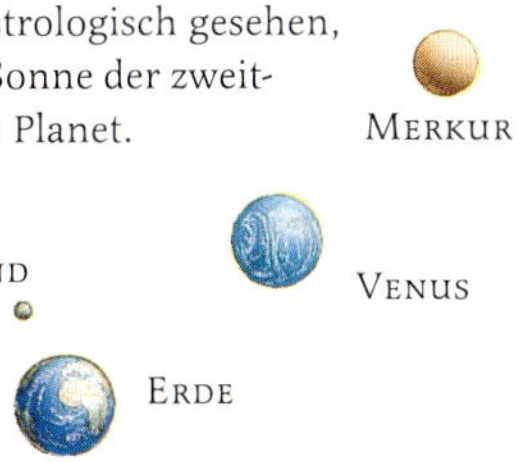

### Die Sonne
bestimmt unsere Persönlichkeit und die Art, wie wir in der Welt auftreten.

### Venus
Der Planet der Liebe und Freundschaft verstärkt unsere positiven persönlichen Eigenschaften, kann uns aber auch faul, unpraktisch und abhängig machen.

### Erde
Jeder Planet steuert seinen Teil zum gesamten Sonnensystem bei. Jemand, der auf der Venus geboren wurde, würde zweifellos auch vom Planeten Erde in irgendeiner Form beeinflußt.

### Merkur
Der am nächsten zur Sonne stehende Planet verleiht uns Wißbegierde, Überzeugungskraft, Klugheit, Gewandtheit; er kann uns aber auch inkonsequent, zynisch und sarkastisch machen.